HABLEMOS CLARO

La verdad sobre la comida

T0136525

Stephanie Paris

Consultores

Dr. Timothy Rasinski
Kent State University

Lori Oczkus
Consultora de alfabetización

Dana Lambrose, M.S.N., PMHNP
West Coast University

Basado en textos extraídos de *TIME For Kids*. *TIME For Kids* y el logotipo de *TIME For Kids* son marcas registradas de TIME Inc. Utilizados bajo licencia.

Créditos de publicación

Dona Herweck Rice, *Jefa de redacción*
Conni Medina, *Directora editorial*
Lee Aucoin, *Directora creativa*
Jamey Acosta, *Editora principal*
Lexa Hoang, *Diseñadora*
Stephanie Reid, *Editora de fotografía*
Rachelle Cracchiolo, *M.S.Ed., Editora comercial*

Créditos de imágenes: pág.35 Timothy J. Bradley/Stephanie Reid; pág.17 Kelly Brownlee/Stephanie Reid; pág.15 Choosemyplate.gov; pág.11 (abajo) Anne Regan Greenleaf via. Flickr; pág.14 (derecha) MyPyramid. gov; pág.14 (izquierda) National Nutrition Guide; pág.38 Newscom; todas las demás imágenes de Shutterstock.

Teacher Created Materials
5301 Oceanus Drive
Huntington Beach, CA 92649-1030
http://www.tcmpub.com
ISBN 978-1-4333-7090-8
© 2013 Teacher Created Materials, Inc.
Printed in China
Nordica.062018.CA21800492

Tabla de contenido

Combustible para la vida

    ¿Qué te gusta hacer? ¿Te gusta jugar al fútbol o prefieres leer historias de aventuras? Quizá te gustan los videojuegos, bailar o simplemente conversar con tus amigos. No importa de qué disfrutes, tu cuerpo necesita energía y componentes básicos para lograrlo. Nuestros cuerpos obtienen lo que necesitan a través de la alimentación. Pero tu cuerpo no puede fabricar los componentes básicos para lograr un cuerpo saludable si no ingieres alimentos saludables.

    ¿Qué sucede cuando no te alimentas bien? Comer demasiados alimentos malos puede ser dañino. Comer demasiada cantidad de cualquier alimento puede provocar problemas de peso. Y comer poca cantidad de alimentos adecuados puede provocar una **nutrición** deficiente. Entonces, ¿cómo podemos elegir los alimentos adecuados?

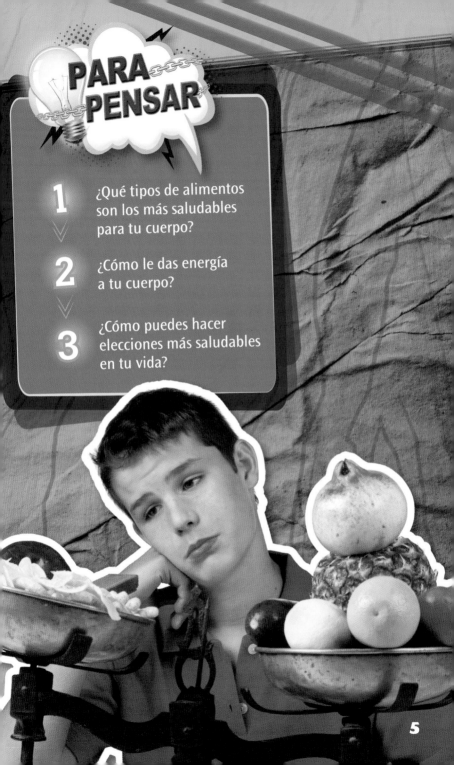

PARA PENSAR

1 ¿Qué tipos de alimentos son los más saludables para tu cuerpo?

2 ¿Cómo le das energía a tu cuerpo?

3 ¿Cómo puedes hacer elecciones más saludables en tu vida?

Cada cuerpo, cada día

Obtenemos los nutrientes que necesitamos para **desarrollarnos** de muchas maneras. Todos necesitamos beber agua. Todos necesitamos ingerir una variedad de alimentos para mantenernos saludables. También es importante recordar que cada cuerpo es un poco diferente. Los bebés necesitan alimentos diferentes a los de los niños más grandes. Alguien que es más grande y muy activo necesitará más alimentos que alguien pequeño que pasa mucho tiempo sentado. Las **alergias**, el tipo de cuerpo y el gusto personal afectan lo que necesitamos comer.

CONTANDO CALORÍAS

Una **caloría** es una unidad de energía. Algunos alimentos tienen muchas calorías. Otros tienen muy pocas. Puedes saber cuántas calorías tiene una porción, si lees la información del empaque del alimento o lo buscas por Internet. La mayoría de los niños necesitan entre 1,600 y 2,500 calorías por día.

ELEMENTOS ESENCIALES PARA EL CUERPO

QUÉ NECESITAMOS	POR QUÉ LO NECESITAMOS
Proteína	Los cuerpos humanos necesitan la **proteína** para reemplazar células que se han desgastado o han muerto. ¡Y tú necesitas proteínas para que te ayuden a crecer!
Vitaminas y minerales	Si no consumes **vitaminas** y **minerales** suficientes, tu cuerpo se debilita y se enferma. Pero, ¡ten cuidado! Hay muchos que pueden enfermarte si consumes demasiado.
Ácidos grasos	Estos son un tipo de grasa especial que tu cuerpo necesita pero no puede fabricar por sí mismo.
Calorías	Esto es energía. Tu cuerpo necesita calorías suficientes para llevar a cabo todas las cosas que haces en un día. Pero no quieras comer demasiado, o tu cuerpo puede almacenar grasas.
Fibra	La **fibra** mantiene tu **tracto digestivo** limpio y garantiza que los alimentos transiten sin problemas a través del cuerpo.

¿CUÁNTO ES DEMASIADO?

Ingerir los alimentos adecuados es sola una parte del enigma. También es importante ingerir las cantidades adecuadas. A muchos restaurantes les gusta servir un plato con MUCHA comida para hacerles sentir a los clientes que se están alimentando bien. Pero eso no es saludable. Algunas comidas de restaurantes sirven en un solo plato más calorías que las que se deben consumir en todo un día. Fíjate en los tamaños de estas porciones saludables.

Una rosca de pan debe tener el tamaño de una lata de atún.

Las **frutas** secas tienen muchas calorías. Una porción equivale al tamaño de una pelota de golf.

Una taza de arroz tiene aproximadamente el mismo tamaño que una bombilla de luz.

Una sola porción de carne tiene el mismo tamaño que una baraja de cartas.

Amanece y brilla

El desayuno es la comida más importante del día. *Ayuno* significa "no comer". Por lo tanto, *desayuno* significa "comer nuevamente luego de no haberlo hecho durante la noche".

Durante la noche, tu cuerpo trabaja mucho mientras duermes. Fabrica nuevas células y repara cosas que fueron dañadas. Para comenzar tu día necesitas combustible, pero no cualquier combustible. Es muy importante que ingieras alimentos saludables en el desayuno. Tu cuerpo ha consumido mucha energía y nutrientes de los alimentos que ingeriste ayer. Si no desayunas bien, probablemente te sientas cansado todo el día.

COMIENZO INTELIGENTE

¿Deseas obtener una A en esa evaluación? ¡Desayuna! Muchos estudios han demostrado que los niños que ingieren un buen desayuno todos los días tienen un mejor rendimiento en la escuela. Y los niños que ingieren un buen desayuno antes de una evaluación obtienen mejores resultados.

DESAYUNO alrededor del MUNDO

Existe más de una manera de ingerir un buen desayuno. En todo el mundo, a la gente le encanta levantarse y comer alimentos deliciosos. Los desayunos con proteínas ayudan a todos a mantenerse con energía hasta el almuerzo.

En México, muchas personas comen huevos y tortillas por la mañana.

En Corea del Sur, la gente toma una sopa abundante como desayuno.

Los rusos generalmente comen pan negro de centeno, huevos, pepinillos y carnes curadas.

En Camerún, la gente come *beignets*, un tipo de rosquilla con frijoles.

¡MÁS EN PROFUNDIDAD!

BAJOS NIVELES DE AZÚCAR

Cuando comes algo dulce en el desayuno, le brindas a tu cuerpo una carga súbita de energía. Pero esa energía se agota rápido. Cuando tus niveles de azúcar suben y bajan rápidamente, tu cuerpo se estresa. Puedes terminar sintiéndote cansado y malhumorado. Comer granos integrales, proteínas y menos azúcar puede ser útil.

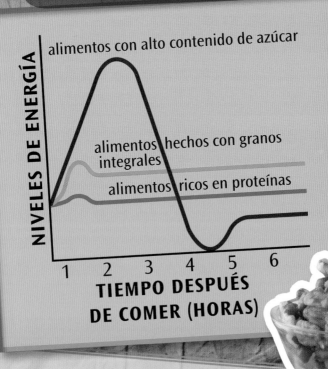

alimentos con alto contenido de azúcar

alimentos hechos con granos integrales

alimentos ricos en proteínas

NIVELES DE ENERGÍA

1 2 3 4 5 6

TIEMPO DESPUÉS DE COMER (HORAS)

¡EN ORDEN!

Es obligatorio que en los paquetes figuren los ingredientes, desde los más utilizados a los menos utilizados. Presta atención a algunos de los nombres diferentes que se utilizan para el azúcar: *azúcar morena, néctar de agave, jarabe de maíz, melaza, miel o jarabe de malta.*

ANTES DE IR A LA CAMA

Si tu nivel de azúcar en sangre se dispara y luego cae hacia el final de la noche, puedes tener problemas para dormir. Suplanta los refrigerios y bebidas dulces por aquellos que te ayudarán a dormir. Sustituye gaseosas, jugo de manzana o galletitas por proteínas magras como nueces o leche.

MyPlate

El Departamento de Agricultura de los Estados Unidos (*USDA*) cuenta con una guía para ayudar a la gente a consumir una dieta saludable. *MyPlate* es una herramienta que puedes usar para decidir qué comer. Muestra qué cantidad de cada tipo de alimento debes consumir por día. *MyPlate* puede ayudarte a obtener los nutrientes y la energía que tu cuerpo necesita.

Si observas el plato de la página 15, verás que la mitad está llena de frutas y **verduras**. Por eso, cuando llenes tu plato a la hora de comer, intenta cubrir la mitad con frutas y vegetales. Intenta asegurarte de que los granos que consumas sean ricos en nutrientes. Y elige lácteos y proteínas, como pescado, que tengan bajo contenido de grasas.

Pirámide alimenticia del *USDA* de 1992

Guía de nutrición nacional de 1946

¿RECUERDAS la PIRÁMIDE?

Durante muchos años, el *USDA* ha estado intentando ayudar a la gente a ingerir una dieta saludable. Cada cierto tiempo, cambian su enfoque. Esto les permite agregar información nueva. Y les permite lograr que las guías sean más fáciles de entender.

Frutas

Cereales

Lácteos

Verduras

Proteínas

MyPlate de
2011

Choose**MyPlate**.gov

Granos integrales

No todos los **carbohidratos** son igualmente saludables. Si un grano marrón como el trigo tiene el aspecto de un polvo blanco esponjoso, es posible que algunos nutrientes se hayan perdido. Busca alimentos que estén descritos como *granos integrales* para asegurarte de estar obteniendo algo bueno. Si tienes dudas, elige panes que sean marrones en lugar de blancos. Esto generalmente significa que tienen más fibra y vitaminas.

¿SALADO O DULCE?

Intenta realizar este experimento para saborear el lado dulce de los carbohidratos.

PASO 1 Mastica una galletita de soda. Nota su sabor. Pero no la tragues de inmediato.

PASO 2 Sigue masticando durante unos cinco minutos.

¡La galletita comenzará a saber dulce! Esto se debe a que la **saliva** de tu boca empieza a convertir el almidón de la galletita en azúcar.

PRUEBA DEL SABOR

Nuestra lengua está cubierta de papilas gustativas. Nos ayudan a diferenciar los alimentos salados, dulces, amargos y ácidos. Nuestra nariz también juega un papel importante al momento de saborear alimentos. El olor de los alimentos les da sabor. Intenta esta prueba.

PASO 1

Véndale los ojos a un amigo y pídele que se tape la nariz.

PASO 2

Dale a tu amigo algo para que saboree. ¿Puede tu amigo descubrir la diferencia entre una manzana y una pera? ¿Y entre un limón y una naranja?

PASO 3

Intenta la misma prueba sin que tu amigo se tape la nariz. ¿Es más fácil adivinar qué alimento es?

AZÚCAR OCULTA

Los carbohidratos no son los únicos alimentos con un lado dulce. Algunos alimentos que no consideramos dulces poseen un montón de azúcar en ellos. Compara los siguientes alimentos para saber cuáles tienen más y cuáles tienen menos cantidad de azúcar.

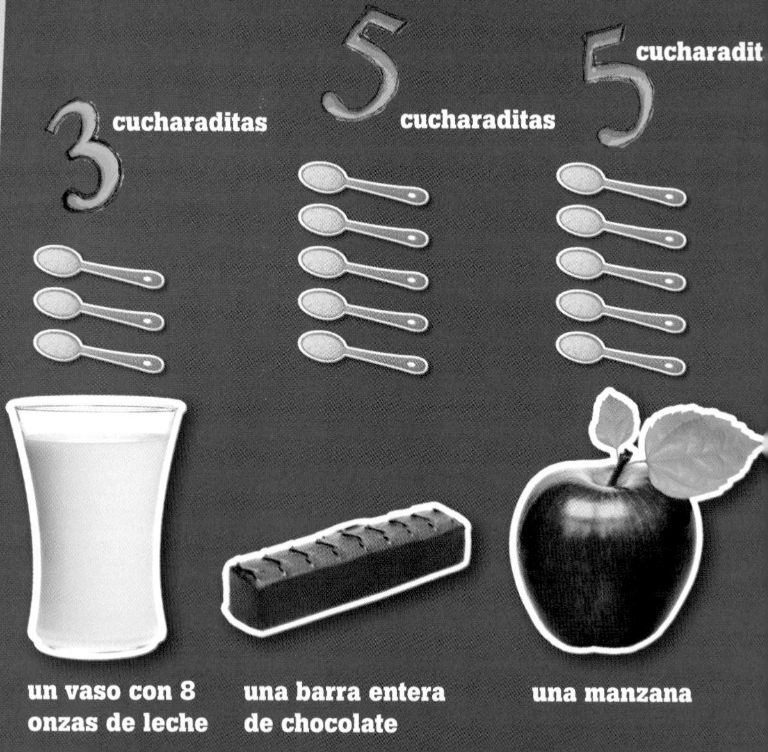

3 cucharaditas

5 cucharaditas

5 cucharadit

un vaso con 8 onzas de leche

una barra entera de chocolate

una manzana

¡ALTO! PIENSA...

- ¿Qué alimentos con azúcares ocultos también tienen beneficios nutritivos?
- ¿Crees que hay alguna diferencia entre el azúcar que se agrega a los alimentos y el azúcar que se encuentra naturalmente en ellos?
- ¿Qué podrías hacer para limitar el azúcar de estos alimentos?

6 cucharaditas

12 cucharaditas

12 cucharaditas

yogur pequeño

magdalena de salvado

lata de gaseosa de 12 onzas

Grupos de alimentos

Cada alimento es un poco diferente. Pero una uva tiene más cosas en común con una manzana que con un trozo de queso. Al momento de decidir qué comer, puede ser muy útil dividir a los alimentos en grupos. Estos grupos nos ayudan a saber de qué manera nuestros cuerpos usan los alimentos que ingerimos. Es probable que tengas un grupo de alimentos favorito. Pero es más saludable comer algunos alimentos de cada grupo todos los días. Carbohidratos, proteína, lácteos, frutas y verduras conforman los principales grupos de alimentos.

Los atletas generalmente ingieren muchos carbohidratos antes de un partido importante o de una carrera larga porque les brindan energía muy rápidamente.

Granos con mucha energía

Tu cuerpo usa **glucosa** para obtener energía. La mayoría de los alimentos no poseen glucosa. Pero tu cuerpo puede convertir algunos alimentos en glucosa. Las proteínas y las grasas se pueden transformar en energía, pero eso lleva mucho tiempo. Lo más fácil para tu cuerpo es transformar los carbohidratos en energía. Los alimentos hechos con granos como el pan, las tortillas y el arroz poseen muchos carbohidratos. Éstos son alimentos con alto contenido energético.

Una persona más fuerte

Todas las personas necesitan proteína para mantenerse saludables. Las proteínas ayudan a tu cuerpo a crecer, repararse y mantenerse. Los músculos, la piel y otros órganos están constituidos mayormente de proteína. Las proteínas están hechas de **aminoácidos** más pequeños. Tu cuerpo necesita 22 aminoácidos diferentes para estar saludable. Puede fabricar 13 de ellos por sus propios medios, pero hay 9 que necesitas obtener de tus alimentos. Las proteínas animales, como la carne y la leche, tienen los nueve. Pero muchas proteínas que provienen de las plantas no. Las personas que son **vegetarianas** no comen carne. Deben comer alimentos variados para obtener todos sus aminoácidos. Afortunadamente, no necesitas ingerir todos ellos en la misma comida. Tu cuerpo obtendrá lo que necesita de cada comida y luego combinará los nutrientes.

GRASAS BUENAS y GRASAS MALAS

Las **grasas no saturadas** y los ácidos grasos son buenos para el corazón. Se pueden encontrar en las proteínas como el pescado, las nueces, el aguacate y muchos otros alimentos. Las **grasas saturadas** deben ingerirse con moderación. Demasiada cantidad puede provocar enfermedades cardíacas.

PROTEÍNAS COMPLETAS

Estos alimentos y combinaciones de alimentos tienen los nueve aminoácidos que tu cuerpo necesita.

- ✓ un huevo
- ✓ frijoles rojos y arroz
- ✓ un vaso de leche con bajo contenido graso
- ✓ tofu o semillas de soya
- ✓ una pechuga de pollo u otra porción de carne
- ✓ quinua (un grano que posee los nueve aminoácidos)
- ✓ mantequilla de maní en una tostada de harina integral

desayuno de avena y quinua con pasas de uva

1% Leche

Fruta

Las frutas son una parte especial de una planta. Protegen a las semillas a medida que se transforman en plantas nuevas. ¡Muchas frutas son jugosas y dulces! Por lo general, también tienen muchas vitaminas y minerales. Y, además, muchas frutas son una excelente fuente de fibra.

Plantas diferentes crecen en lugares diferentes. Por lo tanto, diferentes frutas son populares en diferentes países. Si creciste en el sudeste de Asia, es probable que te gusten los **rambutanes**. Estas frutas rojas y ásperas tienen espinas en la parte externa. En la India, es común la **nanjea**. Tiene un sabor un poco parecido al ananá. En la China, la gente adora comer **lichi** como postre. Se parecen un poco a rambutanes pequeños y son muy dulces. En México, las personas comen mangos y papaya.

nanjea

rambután

lichis

MÁS POPULAR

La fruta más popular del mundo es el tomate. Muchas personas piensan que los tomates son verduras, pero en realidad son frutas. Son la parte de la planta que contiene las semillas. Los mangos se encuentran en segundo lugar. Las bananas se ubican terceras.

¡LA FRUTA CON MÁS OLOR DEL MUNDO!

El durián es una fruta popular de Asia. Tiene una cáscara dura, con espinas y pulpa suave en el centro. Es conocido en todo el mundo por su olor intenso. Algunos comparan el olor con el de las almendras. Otros dicen que su olor es más parecido al de las medias del gimnasio. ¡El olor es tan fuerte que la gente no tiene permitido comerlo en algunos lugares públicos como aeropuertos, estaciones de trenes y hoteles!

durián

Verduras

Estás comiendo parte de una planta, pero no es ni una semilla, ni un grano, ni una nuez ni una fruta. Probablemente estés comiendo una verdura. ¿Qué le brindan las verduras a la mesa? Son ricas en vitaminas y minerales. Algunas, como el brócoli, además tienen buenas cantidades de proteína. Por lo general, las verduras también tienen mucha fibra. Cuantas más verduras comas, menor será el riesgo que tengas de padecer enfermedades graves. Algunos tipos de cáncer y problemas de la vista tienen menor incidencia en las personas que comen muchas verduras.

COLORES DE LAS ZANAHORIAS

¡Las zanahorias solían ser moradas! Los horticultores holandeses trabajaron con las zanahorias durante los siglos XVI y XVII hasta que crearon las variedades anaranjadas y jugosas que tenemos actualmente.

¿FRUTA O VERDURA?

¿Cuáles de estos alimentos son frutas y cuáles son verduras?

calabacita

pepinos

chiles

tomates   calabazas

fruto del árbol de pan

berenjena

calabacín

aguacate

tomatillos

quingombó

Esta es una pregunta engañosa. ¡*Todos* son frutas! Pero se las utiliza como verduras al momento de cocinar.

MANTENLO EN MOVIMIENTO

La fibra se encuentra en las frutas, las verduras y los granos integrales. Tu cuerpo no puede digerirla. Pero a medida que pasa por tu organismo, ayuda a que tu sistema digestivo se mantenga saludable. Si no ingieres suficiente fibra, puedes **constiparte**. Esto significa que puede resultarte difícil realizar una evacuación del intestino. Ingerir alimentos con fibra y beber suficiente cantidad de agua mantiene tu sistema digestivo saludable.

Lácteos

Los productos lácteos incluyen a la leche y a los productos derivados de la leche, como queso y yogurt. Ingerir estos alimentos es una manera fácil de obtener el **calcio** que tu cuerpo necesita. El calcio es un mineral que conforma una gran parte de tus huesos y dientes. Si no obtienes suficiente calcio, tus huesos y dientes pueden crecer débiles. La **leche entera** tiene mucha grasa. Está diseñada para brindarle a los terneros lo que necesitan. Pero tiene demasiada grasa para muchas personas. Una opción más saludable es elegir productos lácteos cuya etiqueta indique que tienen *bajo contenido graso* o que son *descremados*.

¿LO SABÍAS?

La leche entera de vacas ordeñadas durante el invierno tiene más grasa que la leche entera de vacas ordeñadas durante el verano.

LACTOSA

La **lactosa** es el azúcar principal de la leche. La mayoría de los bebés la digieren fácilmente. Pero algunas personas pierden la capacidad de hacerlo cuando son mayores. A las personas que no pueden digerir la lactosa se las denomina *intolerantes a la lactosa*. Estas personas pueden sentirse muy descompuestas si beben leche. Pero de todos modos pueden obtener el calcio que necesitan si ingieren alimentos ricos en calcio como brócoli, naranjas y leche sin lactosa.

¿QUÉ CANTIDAD DE GRASA?

Alimento	Porcentaje de grasa por peso
manteca	80–85%
crema de leche	36–40%
leche entera	aproximadamente 4%
leche con contenido reducido de grasa	2%
leche con bajo contenido graso	1%
leche descremada (sin grasa)	0%

Decidir qué comer

Hay muchas maneras de obtener el combustible y los nutrientes que tu cuerpo necesita. Una persona de la India probablemente no come los mismos alimentos que una persona de Francia. Pero los dos pueden tener dietas saludables. La mayoría de las personas terminan comiendo una combinación de los alimentos con los que se criaron y de otros que están disponibles en su zona. ¿Pero cómo deciden qué alimentos comer cada día?

una comida tradicional etíope

Familia

Tu primera fuente de información sobre los alimentos es tu familia. Tendemos a preferir los tipos de alimentos con los que nos criamos. Es probable que no te gusten todos los platos. Pero cuando eres niño, mayormente comes lo que tus padres te ofrecen.

Educación

Este libro es otra fuente de información sobre los alimentos. Hay muchos libros, artículos y sitios web con información útil sobre elecciones de alimentos. Éstos pueden ayudarte a hacer buenas elecciones con respecto a la alimentación saludable.

¡TE DESAFIAMOS!

¿Detestas comer chiles verdes? ¿O pescado? ¿O leche? Es normal que no te gusten algunos alimentos, pero cada cierto tiempo, pruébalos de nuevo. Es probable que descubras que te encanta algo que solías detestar.

Problemas de salud

Algunas personas necesitan elegir sus alimentos según problemas especiales de salud. La **diabetes** y las alergias son dos afecciones comunes.

La **insulina** es una sustancia química que fabrica tu cuerpo. Su función es mantener estable la cantidad de azúcar en tu sangre. Si tu sangre tiene demasiada azúcar, tu cuerpo libera insulina. La insulina ayuda a tu cuerpo a almacenar azúcar hasta que la necesites. Algunas personas tienen una enfermedad llamada *diabetes*. Los diabéticos no fabrican suficiente insulina. O sus cuerpos no la utilizan adecuadamente. Los diabéticos deben ser cuidadosos con los alimentos que ingieren. Se realizan análisis de sangre para asegurarse de tener la cantidad suficiente de azúcar. Algunos diabéticos necesitan inyectarse insulina para mantener estables sus niveles de azúcar.

DIABETES

Algunas personas nacen con diabetes. Otras personas la desarrollan cuando se exceden de peso. Este segundo tipo de diabetes es cada vez más común en los niños.

Los dispositivos portátiles para medir la glucosa permiten a los diabéticos controlar los niveles de insulina sin la ayuda de un médico.

Alergias

Cuando alguien tiene alergia a algún alimento, el cuerpo reacciona a un alimento normal como si fuera peligroso. Alguien que es alérgico puede tener picazón. Las alergias también pueden provocar dolor de garganta o retorcijones en el estómago. Algunos alérgenos pueden provocar vómitos o dificultad para respirar. Algunas veces, el cuerpo reacciona de manera tan fuerte al alimento que un médico debe tratar al paciente para evitar la muerte.

TEN PRECAUCIÓN

Las alergias más comunes a los alimentos incluyen maníes, huevos, frijoles, leche y mariscos. Las personas con alergias deben evitar los alimentos a los que son alérgicos.

Marketing

Desafortunadamente, muchas personas eligen sus alimentos según los anuncios publicitarios. Incluso es probable que no sepan que lo están haciendo. Una hamburguesa se ve tan deliciosa en televisión que, para la próxima comida ordenas una. Ese cereal azucarado trae un juguete que quieres. Entonces, le pides a tu madre que te compre una caja. Pero, recuerda: el trabajo de los publicistas es venderte cosas, *no* hacerte saludable.

Esta comida tentadora incluye unas tremendas 800 calorías.

TRUCOS PUBLICITARIOS

Los anuncios impresos, los comerciales y los empaques trabajan en muchos niveles para lograr que tengas hambre de su producto.

Todas las personas del anuncio parecen felices, saludables y exitosas. ¿También te sentirás así si compras más de este alimento?

Si compras este cereal, ¿serás famoso como esta persona?

El cereal se ve seco y aburrido sin leche, pero la leche no siempre se ve bien en cámara y es fácil de derramar. Entonces, ¡los estilistas de alimentos usan pegamento blanco!

La iluminación especial hace que el alimento resplandezca.

Comunidad

El último factor importante en los alimentos que eligen las personas es la comunidad. Generalmente, las personas solo pueden obtener alimentos que estén disponibles cerca de ellas. Las tiendas se orientan según el lugar donde las personas gastan su dinero. Entonces, si las personas solo comen en restaurantes de comidas rápidas, eso es lo que habrá alrededor. Si compran muchas frutas y verduras frescas, habrá más cantidad de ese tipo disponibles.

Juntos, podemos hacer elecciones saludables. Comienza en una pequeña escala. Puedes ayudar a tus amigos a ser saludables. Come alimentos saludables y establece un ejemplo. Y apoya a tus amigos cuando ellos elijan alimentos saludables.

Las ferias de agricultores ofrecen una variedad de frutas y verduras frescas.

FERIAS DE AGRICULTORES

Cuanto más tiempo estén almacenados, los alimentos pueden perder nutrición. Las ferias de agricultores son una excelente manera de asegurarte que estás obteniendo alimentos frescos. Estos son lugares donde los agricultores de tu comunidad se dirigen a vender sus alimentos. ¿Hay ferias de agricultores cerca del lugar donde vives?

¿CUÁN LEJOS VIAJÓ ESA MANZANA?

Los alimentos que compramos en la tienda viajan en promedio 1,300 millas desde el campo hasta la tienda. En este trayecto se utilizan muchos **combustibles fósiles**. Y los alimentos necesitan empacarse cuidadosamente con papel y plásticos. Comprar alimentos producidos en un lugar más cercano a casa puede ser más saludable. Y además es una elección que respeta al medioambiente.

¡MÁS EN PROFUNDIDAD!

CAMBIANDO ESCUELAS Y COMUNIDADES

Jamie Oliver es un chef de Inglaterra. Descubrió que algunas ciudades tenían índices muy altos de **obesidad**. También descubrió que muchas escuelas no servían alimentos saludables en el almuerzo. Servían muchos alimentos con alto contenido graso y pocas frutas y verduras frescas. Por eso, Oliver se puso a trabajar para cambiar las cosas. Enseñó nutrición a las personas. Y trabajó con las comunidades para cambiar lo que se ofrecía en los almuerzos escolares. La gente empezó a tomar el control y lograr que sus comunidades fuesen más saludables.

Oliver habla con chefs jóvenes y estudiantes de todo el mundo.

En Inglaterra, Oliver ayudó a cambiar las reglas sobre lo que podía incluirse en los almuerzos escolares. Hoy, trabaja en los Estados Unidos para ayudar a las escuelas a cambiar.

PARTICIPA

Existen muchos otros grupos
que trabajan para ayudar a las
comunidades a comer alimentos
saludables. Averigua qué grupos
existen en tu comunidad. Habla con
tus padres y los líderes de tu escuela
sobre las maneras en las que puedes
asegurarte de que haya opciones
saludables disponibles.

El último bocado

¿Cómo puedes hacer buenas elecciones respecto a tu dieta? Primero, come una variedad de alimentos. Ningún alimento le dará a tu cuerpo todo lo que necesita para estar saludable y fuerte. En segundo lugar, come lo suficiente, pero no demasiado. Si comes muy poco, tu cuerpo se sentirá débil. Si comes demasiado, tu cuerpo almacenará lo adicional como grasa. Demasiada grasa en tu cuerpo no es saludable. Y, finalmente, conoce tus opciones de alimentos. Es más fácil tomar buenas decisiones cuando tienes todos los elementos. Para ayudarte con la última parte, te presentamos un cuadro con cierta información sobre alimentos comunes. ¡Disfruta!

Los ELEMENTOS ADECUADOS

LO QUE NECESITAS	DE DÓNDE OBTENERLO
Proteína	mariscos, carnes, aves, huevos, frijoles y lácteos
Fibra	granos integrales, frutas, verduras, frijoles y nueces
Ácidos grasos	aceite de lino, nueces, aguacate, espinaca y salmón
Vitamina A	papaya, sandía, tomate, zanahorias, lácteos, huevos, nueces y pistachos
Vitamina B	aguacate, fresas, calabacín, maíz, frijoles, chícharos, huevos, pescado, leche, queso, yogur y granos integrales
Vitamina C	frutas cítricas, papaya, castañas, brócoli y repollitos de Bruselas
Calcio	productos lácteos, huevos, tofu, frijoles pinto, brócoli y almendras
Hierro	almejas, carnes, cereales, semillas de soya, semillas de calabaza, lentejas y espinaca

Glosario

alergias: reacciones peligrosas o molestas a alimentos normales; los síntomas pueden incluir erupciones, vómitos y dificultad para respirar

aminoácidos: las 22 partes que conforman las proteínas completas

calcio: un mineral que se encuentra en la mayoría de las plantas y los animales que mantiene los huesos fuertes

caloría: la cantidad de energía que se requiere para elevar la temperatura de un kilogramo de agua en un grado Celsius, usado como una medida de energía en los alimentos

carbohidratos: alimentos con alto contenido energético que contienen azúcares y almidones

combustibles fósiles: combustibles como el carbón, el petróleo o el gas natural formado en la tierra de restos de plantas o animales

constiparte: incapaz de realizar una evacuación del intestino

desarrollarnos: crecer y funcionar bien

diabetes: una enfermedad en la que el cuerpo no produce suficiente insulina o no utiliza la insulina como corresponde

fibra: una sustancia en los alimentos que no puede ser digerida pero ayuda a que tu sistema digestivo se mantenga limpio y en movimiento

fruta: la parte madura, dulce y pulposa de las plantas con semillas

glucosa: el azúcar que tu cuerpo usa para obtener energía

grasas no saturadas: grasas que promueven corazones saludables; provienen de plantas y del pescado

grasas saturadas: grasas que pueden aumentar el riesgo de una enfermedad cardíaca

insulina: una sustancia fabricada en el cuerpo que ayuda a controlar los niveles de glucosa

lactosa: un tipo de azúcar que se encuentra en la leche

leche entera: leche a la que no se le ha quitado la grasa

lichi: una fruta pequeña y dulce, popular en la China

minerales: sustancias químicas (como hierro o zinc) que se encuentran naturalmente en determinados alimentos

nanjea: una fruta grande y con espinas, popular en la India y las Filipinas

nutrición: el proceso por el que un animal hace uso de las sustancias de los alimentos

obesidad: una afección en la que hay demasiada grasa en el cuerpo que impide ser saludable

proteína: una sustancia que se encuentra en los alimentos (como carne, leche, huevos y frijoles)

rambutanes: frutas grandes, rojas, dulces y espinosas del sureste de Asia

saliva: el líquido de tu boca que comienza a deshacer los almidones

tracto digestivo: el pasaje que atraviesan los alimentos mientras se deshacen y son absorbidos por el cuerpo

vegetarianas: personas que eligen no comer productos derivados de la carne

verduras: alimentos que no son nueces, frijoles, granos ni frutas, pero que provienen de las plantas

vitaminas: sustancias que son necesarias en cantidades muy pequeñas para la nutrición de la mayoría de los animales y de algunas plantas

Índice

Bibliografía

Goodrow, Carol. *Happy Feet, Healthy Food: Your Child's First Journal of Exercise and Healthy Eating.* **Breakaway Books, 2004.**

Usa este libro para llevar un registro de tu dieta y tus ejercicios, y para conocer juegos nuevos, actividades y consejos para alimentarse.

Jankowski, Connie. *Investigating the Human Body: Life Science (Science Readers).* **Teacher Created Materials Publishing, 2008.**

Descubre más acerca de cómo los sistemas del cuerpo trabajan juntos y por qué debes mantener tu cuerpo saludable.

Macaulay, David. *The Way We Work.* **Houghton Mifflin Books, 2008.**

Descripciones detalladas acompañan a estos minuciosos esquemas de color sobre cada sistema del cuerpo, que muestran la importancia de comer alimentos buenos.

Zinczenko, David. *Eat This, Not That! for Kids! Be the Leanest, Fittest Family on the Block!* **Rodale Incorporated, 2008.**

Este libro contiene opciones sencillas de alimentos que te ayudarán a realizar elecciones más saludables en el supermercado y en los restaurantes.

Más para explorar

Smash Your Food
http://foodnme.com/smash-your-food

Utiliza el juego *smash-your-food* (tritura tu comida) para descubrir cuánta cantidad de azúcar, sal o aceite se esconde en tus alimentos favoritos.

Super Kids Nutrition
http://www.superkidsnutrition.com

Haz clic en el vínculo *Super Crew for Kids* para obtener más información sobre la alimentación saludable y para realizar actividades divertidas.

USDA: Choose MyPlate
http://www.choosemyplate.gov

Consulta el nuevo diagrama de porciones para una alimentación saludable. También contiene un *Super Tracker* (Registrador magnífico) para planificar y llevar un registro de tu dieta y tu actividad física.

Kidnetic
http://www.kidnetic.com

Invita a toda la familia a conocer este sitio genial que abarca salud, nutrición y entrenamiento. Descubre juegos, prueba recetas nuevas y lee artículos para estar lo más saludable posible.

Acerca de la autora

Stephanie Paris es una californiana de séptima generación. Se graduó como licenciada en Psicología en la Universidad de California, Santa Cruz, y obtuvo su licencia como docente de varias materias en la Universidad Estatal de California, San José. Ha sido docente de aula de la escuela primaria, docente de computación y tecnología de la escuela primaria, madre que imparte educación en el hogar, activista educativa, autora educativa, diseñadora web, *blogger* y líder de las *Girl Scouts*. La Sra. Paris adora las alcachofas, los espárragos, la harina de avena y, ocasionalmente, ¡un pedazo de chocolate negro!